EL LADRÓN

Y LA

BAILARINA

Para Jessica, con amor
A. M.

A John O. para decirle gracias
B. W.

Título original: Bob Robber and Dancing Jane
Publicado con el acuerdo de Jonathan Cape an imprint of
Random House Children's Books
© Del texto: Andrew Matthews, 2003
© De las ilustraciones: Bee Willey, 2003
© De esta edición: Editorial Kókinos, 2003
web: www.editorialkokinos.com
Traducido por Esther Rubio
ISBN: 84-88342-39-X
Impreso en Singapur-Printed in Singapore

ANDREW
MATTHEWS

EL LADRÓN
Y LA
BAILARINA

ilustrado por

BEE WILLEY

KóKINOS

Roco era un ladrón.

Era capaz de robar la miel a las abejas y el perfume
a las flores. Podía robar la verdad de una promesa
y convertirla en mentira.

Roco vivía solo en una sucia y vieja cabaña
escondida al borde del camino.

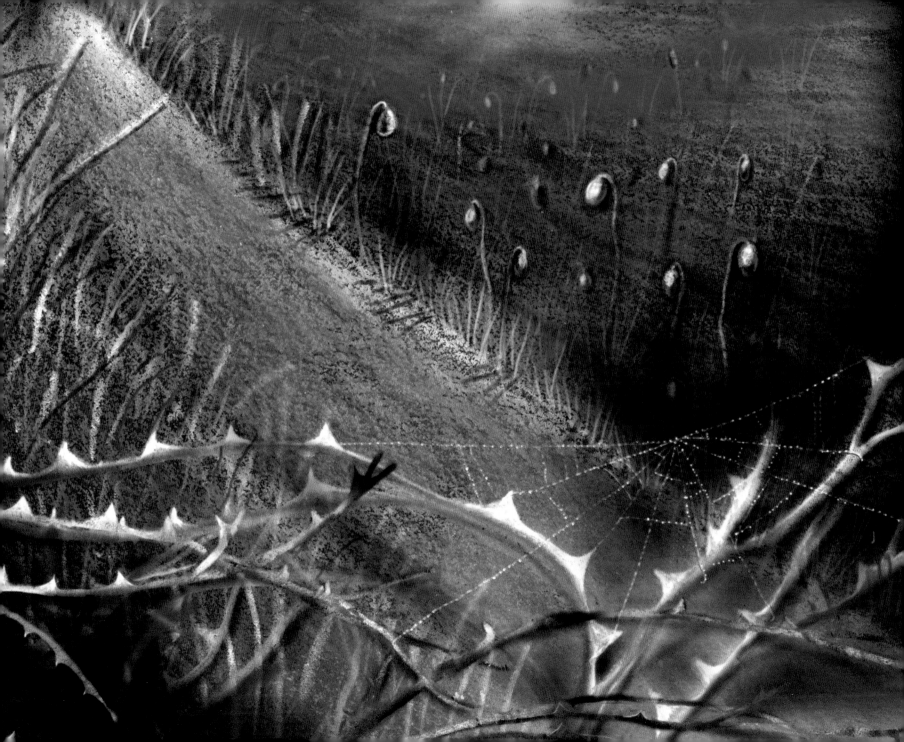

Su cabello era tan negro como los murciélagos y tenía los ojos del color de la luna nueva.

Era capaz de quedarse tan quieto que las arañas tejían su tela entre sus ropas.

Sus movimientos eran silenciosos como el musgo.

Tenía dedos ágiles y escurridizos como los peces y era más veloz que la mañana cuando, antes de salir el sol, corría de regreso a su cabaña.

Una noche de verano en que la luna llena resplandecía y Roco acechaba tras un recodo oscuro del camino, pasó por allí Kira la bailarina.

Ella tenía los pies ligeros, sus ojos eran castaños y llevaba un vestido blanco como la nieve de invierno.

Nada más verla, Roco sintió unos inmensos deseos de bailar con ella, pero se quedó allí, oculto en la oscuridad.

—Puedo arrastrarme muy lentamente y correr más rápido que nadie, ¡pero no sé bailar!— se lamentó.

Kira la bailarina vislumbró fugazmente una
figura entre las sombras y sintió miedo.
—¿Hay alguien ahí? —dijo.
Pero Roco el ladrón no
respondió. Escapó
furtivamente y regresó
veloz a su casa.

A la noche siguiente, Roco el ladrón esperó en el mismo lugar hasta que Kira apareció de nuevo. Venía cantando y bailando con su sombra.

Sus pies eran ligeros, tenía el cabello oscuro y llevaba un vestido rojo como las hojas en otoño.

Roco sintió tantos deseos de bailar con ella que una lágrima le resbaló por la mejilla.

—Puedo escabullirme y robar silenciosamente, ¡pero no se dar ni un solo paso de baile! —pensó.

Kira vio brillar la lágrima en la oscuridad y se estremeció.

—¿Quién hay ahí? —exclamó.

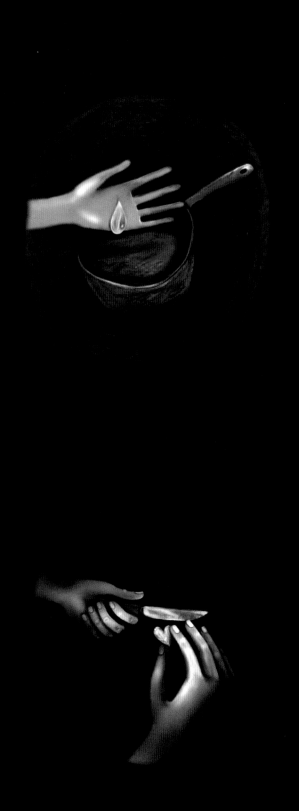

Roco no respondió. Huyó escabulléndose por entre las sombras.

Ya en su casa, recogió la lagrima de su mejilla, la puso en un recipiente frio y esperó a que se volviera sólida y clara como el cristal. Luego, con un cuchillo, talló con ella un diminuto y reluciente corazón.

La noche siguiente, Roco el ladrón dejó el pequeño corazón en medio del camino y esperó escondido a que pasase Kira la bailarina.

Cuando la luna salió por detrás de la colina, apareció Kira, cantando y bailando con su sombra. Sus pies eran ligeros, tenía la voz suave y su vestido era azul como los cielos de verano.

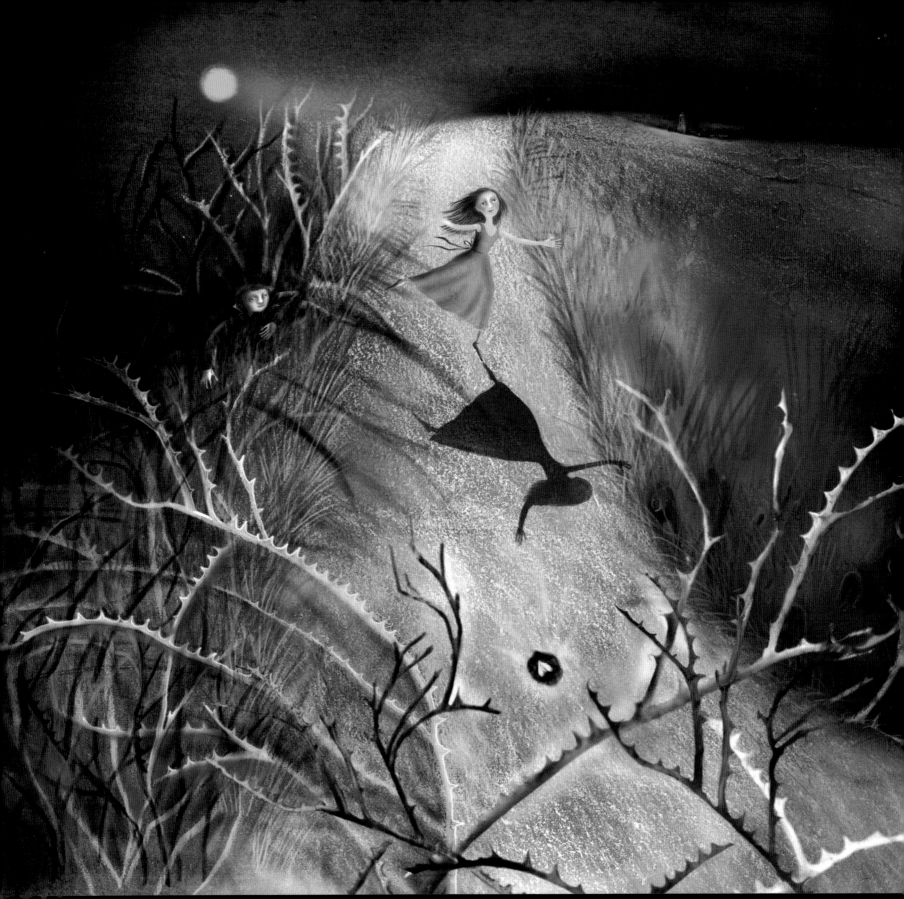

Kira vio aquel diminuto corazón que relucía a
la luz de la luna como una estrella
y se detuvo a recogerlo.

—¿De quién es este corazón? —preguntó.

Roco salió de su escondite. En un
silencio helado se acercó por detrás de
Kira con mucha cautela y arrancó su
sombra del camino iluminado por la
luna. Y huyó con la sombra de Kira
entre sus brazos.

—¡Detente, ladrón! —gritaba la
bailarina, pero nadie escuchó sus gritos
de socorro.

Una vez en su
cabaña, Roco intentó
bailar con la sombra de Kira, pero
se le escurría entre los dedos, lánguida,
marchita e inasible como la llama de una vela.

—¡Nooo…! —gritó Roco desesperado.

Subió la destartalada y chirriante escalera de la cabaña
y guardó la sombra bajo llave en un baúl de madera. Luego se dejó
caer en la cama y se quedó profundamente dormido.

Enseguida apareció Kira en su sueño. Entre suspiros
y sollozos iba buscando su sombra.

Cuando Roco despertó, al atardecer, presintió que algo andaba mal.

Su cuerpo no le respondía: si intentaba caminar se tropezaba y caía. Si se quedaba quieto, se le tensaban los brazos. Sus delicados dedos de ladrón estaban rígidos como las ramas de un árbol.

—¡Nunca más podré deslizarme por entre las sombras, ni trepar muros, ni quedarme inmóvil como una estatua! —se lamentó Roco.

—Le di a Kira mi corazón, pero luego robé su sombra. ¡Tengo que devolvérsela!

Entonces sacó la sombra del baúl y la llevó en sus brazos hasta el camino.

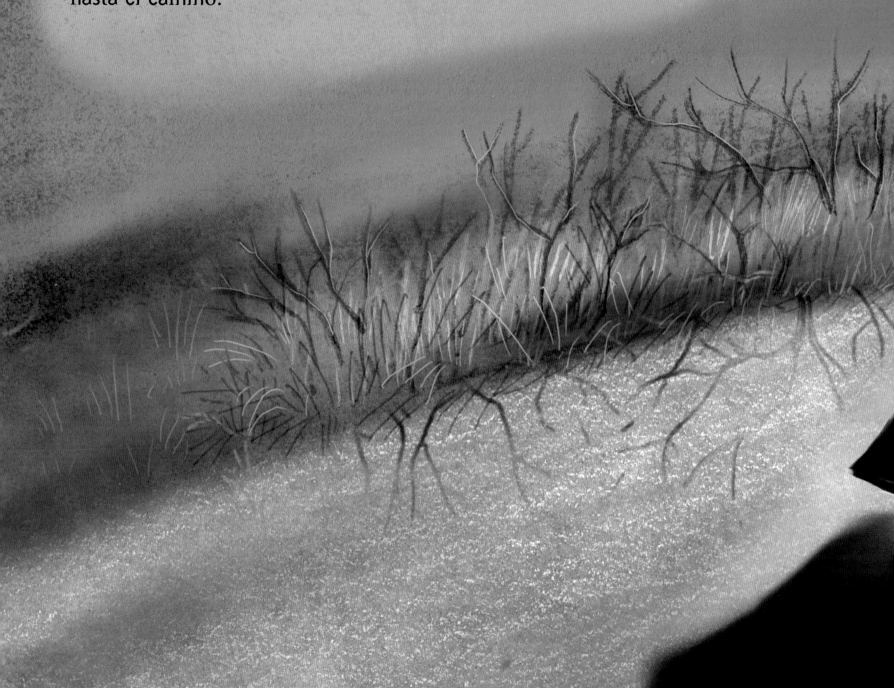

Allí se detuvo a contemplar cómo salía la luna.
Entonces vio a Kira: venía arrastrando sus pies
cansados y llevaba el corazón de Roco en las
manos. Tenía triste la mirada y su vestido era
gris como las cenizas.

Al ver a Roco, Kira gritó enfadada: —¡Tú eres
el ladrón que ha robado mi sombra y que ha
dejado su corazón en medio del camino!

Roco bajó la cabeza avergonzado.

—Ayer era un ladrón —dijo—.
Ahora ya no sé quien soy. Toma tu
sombra. Puedes quedarte con
mi corazón.

Kira la bailarina tomó su sombra. Luego, levantando en sus manos el corazón de Roco para que brillase a la luz de la luna, comenzó a bailar.

Bailó primero lentamente y después comenzó
a dar vueltas, cada vez más deprisa, alrededor
de Roco. Su danza hizo que salieran de su
ropa todas las telarañas y que la noche huyera
de él. Hizo que la miel volviera a las abejas y
el perfume a las flores.

Y la oscuridad se inundó de promesas
cumplidas.

Roco sintió cómo crecía su valor.

Roco extendió las manos y, por primera vez en su vida, pidió algo en lugar de robarlo:

—¡Enséñame a bailar, por favor!

Kira le tomó de la mano y bailaron y bailaron a lo largo del camino mientras, a sus pies, bailaban también sus sombras.

Bailaron durante toda la noche y, al amanecer, Roco miró a su alrededor y sonrió.

—Nunca había visto salir el sol —dijo.

La mañana era tan hermosa que Roco
se olvidó de volver a su cabaña.
Se alejó bailando con Kira… y nunca más
volvió a robar.